LANGUAGE   PROGRAMMES   DEVELO

☑ **W9-AES-731**

Hans Wolfgang Wolff

Geschäfts- und Verhandlungssprache Deutsch

Band 8

LANGUAGE PROGRAMMES DEVELOPMENT CENTRE

Hans Wolfgang Wolff

Geschäfts- und Verhandlungssprache Deutsch

Band 8:

Das erfolgreiche Angebot

MAX HUEBER VERLAG

ÜBERSICHT ÜBER „GESCHÄFTS- UND VERHANDLUNGSSPRACHE DEUTSCH"

Handbuch zum Audio-Kurs (Hueber-Nr. 9680)

ISBN 3–19–00.9688–0
© 1977 Max Hueber Verlag München
3 2 1   1981 80 79 78 77
Die jeweils letzten Ziffern bezeichnen Zahl und Jahr des Druckes.
Alle Drucke dieser Auflage können nebeneinander benutzt werden.
Schreibsatz: Brigitte Schneider, München
Druck: G. J. Manz AG, Dillingen
Printed in Germany

Vorwort

Das vorliegende Programm gehört zu der Serie „GESCHÄFTS- UND VER-
HANDLUNGSSPRACHE DEUTSCH", die ihrerseits einen Bestandteil der
LPDC-Reihe *„Sprachen in Wirtschaft und Technik"* bildet. Die Serie wendet
sich besonders an Lernende mit guten Grundkenntnissen, die ihre Hörverste-
hens- und Sprechfähigkeit in praxisnahem Industrie- und Wirtschaftsdeutsch
vervollkommnen wollen.

Ausgangspunkt sämtlicher Programme sind Tonbandaufnahmen realistischer
Dialoge.

Die Serie „GESCHÄFTS- UND VERHANDLUNGSSPRACHE DEUTSCH"
führt zum aktiven Gebrauch des Deutschen im Geschäftsleben. Im Maße des
Fortschreitens in der Serie wird das Hörverständnis der Lernenden so weit ge-
schult, daß sie Fachdiskussionen gut folgen und über deren wichtige Punkte
Auskunft geben können. Der Erreichung dieses Ziels dienen die zahlreichen, an
Geschäfts- und Wirtschaftsthemen orientierten Dialoge und die Audio-Testein-
heiten.

Mit dem gleichen Nachdruck wird die Sprechfähigkeit gefördert. Die Arbeit mit
diesem Kurs versetzt die Lernenden in die Lage, Fachgespräche zu führen und
sich in allen wichtigen Situationen einer Fachdiskussion zu behaupten. Dieses
Ziel wird erreicht durch ständiges und vielfach variiertes Üben im dialogischen
Sprechen und Anwenden stereotyper Satzmuster, wobei für die Übungen aus-
schließlich Wortschatz und Strukturen Verwendung finden, die in den Dialogen
vorgegeben sind.

Dialoge und Übungen der Serie sind sprachliche Aktion und Reaktion, die in
Frage und Antwort, Aussage und Stellungnahme, Behauptung und Widerspruch
zum Ausdruck kommen.

Zwar haben Hören und Sprechen klaren Vorrang, doch werden in jeder Lernein-
heit auch die Fähigkeiten des Lesens und Schreibens gefördert.

„GESCHÄFTS- UND VERHANDLUNGSSPRACHE DEUTSCH" bietet den
Lernstoff in wohlabgewogenen, abwechslungsreichen Lernschritten, die sich etwa zu gleichen Teilen auf das Buch und das Tonband als Medien verteilen.

Der gesamte Audio-Kurs besteht aus zehn Lerneinheiten. Im Klassenunterricht
bietet er bei zwei Übungsstunden pro Woche (und täglich etwa 15 Minuten
„Training") Stoff für etwa ein Unterrichtsjahr. Der Kurs ist hervorragend geeig-
net für den Klassenunterricht im Sprachlabor und in Klassen, die über wenigstens

ein Tonbandgerät verfügen. Andererseits machen die präzisen Lernanweisungen, die ein- und zweisprachigen Glossare sowie das umfangreiche Tonbandmaterial diese Serie zu einem Unterrichtswerk, das auch lehrerunabhängig mit Hilfe eines Cassetten-Recorders durchgearbeitet werden kann. Der wirtschaftsorientierte Selbstlerner wird es begrüßen, daß dieses Sprachlehrwerk gleichzeitig zahlreiche Sachinformationen aus dem Wirtschafts- und Berufsleben enthält.

Die Entwicklung dieser Programme wäre ohne den Rat und die Hilfe zahlreicher in Industrie und Wirtschaft tätiger Fachleute nicht möglich gewesen.

Der Verfasser dankt insbesondere:
den Herren W. Abt, K. Arras, A. Eisenhardt, G. Frietzsche, Dr. O. Garkisch, G. Homburg, G. Juhnke, H. Koch, W. Kohaut, Dr. H. Linde, W. Mann, E. D. Menges, K. A. Raspe, P. R. Rutka, F. J. Schmid, H. Sobottka, H. Walther, R. Weinrich, E. Winecker, A. Wugk für ihre Mitarbeit bei der Aufnahme authentischer Dialoge und die Klärung von Sachfragen;
seiner Frau Rita Wolff für unermüdliche Mitarbeit.

Hans W. Wolff

Inhaltsverzeichnis

Der schwarze Punkt (●) bedeutet: hier muß der Lernende den Tonträger (Band, Cassette) einsetzen!

Einleitung

Grundlage und Ausgangspunkt des Programms „DAS ERFOLGREICHE AN-GEBOT" sind Situationsdialoge, in denen ein Personalberater und ein leitender Angestellter der Firma Euro-Engineering zu Worte kommen.

Der sachliche Inhalt des Programms läßt sich in folgenden Stichworten kurz kennzeichnen:

Die Firma sucht Kaufleute für die Projekt- und Angebotsabteilung – Ein typisches Projekt – Welche Pläne hat der Interessent? – Die offizielle Anfrage – Kundeninformation durch Anzeigen, Prospekte und Messen – Akquisitionsbesuche – Tochtergesellschaften und Vertretungen auf der Kundensuche – Gezielte Werbung – Die Anfrage wird geprüft – Der Kriterienkatalog für die Projektbearbeitung – Die klare Formulierung der Anfrage – Vorsicht vor den Niedrigpreisen der Konkurrenz! – Der Fragebogen – Auslands- und Großprojekte – Ein Schätzangebot für die Wirtschaftlichkeitsrechnung – Kriterien für die Ausarbeitung von Angeboten – Die Technologie des Verfahrens – Garantie- und Verbrauchszahlen – Preis und Zahlungsbedingungen – Personal- und Platzbedarf für die angebotene Anlage – Umweltschutz – Abgrenzung der Lieferungen und Leistungen – Bau- und Montagearbeiten – Schlüsselfertige Anlagen für EG-Länder – Besondere Bedingungen in COMECON-Ländern – Preisgleitklausel und Festpreis – Die Erfolgsaussichten eines Projekts – Standardisierung von Angebotsunterlagen – Zügige Bearbeitung bringt Erfolg – Das Begleitschreiben – Finanzierungsmöglichkeiten – Die Referenzliste – Investitions- und Betriebskosten – Betriebssicherheit und Lebensdauer der Anlage – Die Projektverfolgung – Briefe, Fernschreiben und Anrufe – Das Gespräch mit dem Kunden.

Wegweiser durch das Programm

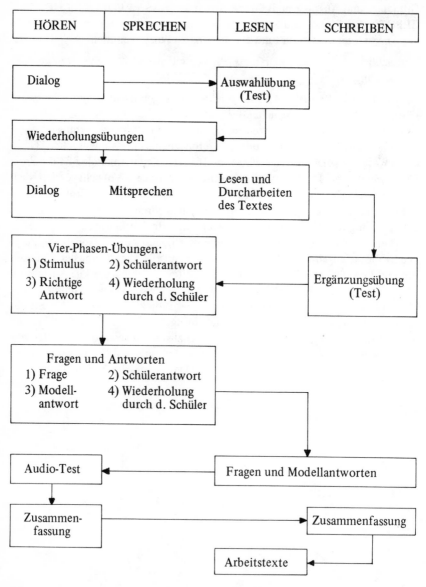

HÖREN	SPRECHEN	LESEN	SCHREIBEN

Dialog → Auswahlübung (Test)

Wiederholungsübungen

Dialog Mitsprechen Lesen und Durcharbeiten des Textes

Vier-Phasen-Übungen:
1) Stimulus 2) Schülerantwort
3) Richtige Antwort 4) Wiederholung durch d. Schüler

Ergänzungsübung (Test)

Fragen und Antworten
1) Frage 2) Schülerantwort
3) Modellantwort 4) Wiederholung durch d. Schüler

Audio-Test

Fragen und Modellantworten

Zusammenfassung

Zusammenfassung

Arbeitstexte

1 A Dialog (Tonband)

HÖREN Sie sich den Dialog mehrmals an.
Mehrmaliges Anhören steigert den Lernerfolg.
Das Ende des Dialogs Teil 1 wird durch einen Gongschlag gekennzeichnet.
Machen Sie unmittelbar im Anschluß daran die Auswahlübung 1 B und die Wiederholungsübung 1 D.
Lesen Sie den Dialogtext jetzt noch nicht mit, sondern üben Sie Ihr Hörverständnis.

1 B Auswahlübung

LESEN Sie den folgenden Text. Kreuzen Sie diejenige Aussage an, die den im Dialog gegebenen Informationen entspricht. Den Schlüssel zu dieser Übung finden Sie unter 1 C.

1. Voraussetzung für die Tätigkeit der Projekt- und Angebotsabteilung ist, daß
   a) einige Kaufleute eingestellt werden
   b) gezielte Werbung gemacht wird
   c) sie Kenntnis von neuen Projekten erhält

2. Eine der wichtigsten Aufgaben der Tochtergesellschaften ist es,
   a) Interessenten ausfindig zu machen
   b) Ausstellungen und Messen zu organisieren
   c) die Angebote zu prüfen

3. Die Werbung der Firma konzentriert sich auf Verfahren und Dienstleistungen, die
   a) neu und perfekt sind
   b) denjenigen der Konkurrenz überlegen sind
   c) einen niedrigen Preis haben

4. Manchmal genügt dem Interessenten ein Schätzangebot, zum Beispiel dann, wenn er
   a) eine schlüsselfertige Anlage kaufen will
   b) zunächst eine Wirtschaftlichkeitsberechnung machen will
   c) selbst eine genaue Spezifikation der Anlage hat

1 C Schlüssel zur Auswahlübung

1. c)   2. a)   3. b)   4. b)

1 D Wiederholungsübung (Tonband)

1. Hören Sie sich den Kurzdialog an.
2. Spulen Sie das Band zurück und wiederholen Sie, was der erste Dialogpartner sagt.
3. Spulen Sie das Band zurück und wiederholen Sie, was der zweite Dialogpartner sagt.

Auf dem Tonband folgt diese Übung dem Dialog 1 A. Schauen Sie bei dieser Übung nicht in Ihr Buch. Imitieren Sie die Aussprache und Intonation der Sprecher(in). Wiederholen Sie diese Übung mehrmals und versuchen Sie dann allein oder zu zweit, diesen Kurzdialog ohne Tonband zu spielen. Schreiben Sie sich als Gedächtnisstütze einige Stichworte auf.

1 E Wiederholungsübung

LESEN Sie diesen Text erst nach der Arbeit mit dem Tonband.

A: Was machen Sie, wenn Sie eine Anfrage erhalten?

B: Nun, zunächst prüfen wir die Anfrage.

A: Unter welchen Gesichtspunkten?

B: Wir fragen uns, ob es sich um eine seriöse Anfrage handelt und wie unsere Chancen sind.

A: Gibt es für diese Prüfung bestimmte Anhaltspunkte?

B: Ja, wir haben dafür einen ganzen Katalog von Kriterien.

A: Aha, und Sie bearbeiten das Projekt nur, wenn die entsprechenden Voraussetzungen erfüllt sind.

B: So ist es.

A: Wissen Sie denn immer genau, was Sie anbieten sollen?

B: Leider nein. Es gibt nur wenige Fälle, in denen der Anfrage eine genaue Spezifikation beiliegt.

A: Da müssen Sie also zunächst die technischen Einzelheiten klären.

B: Ja, wir bitten dann den Interessenten, einen Fragebogen auszufüllen.

A: Ein Besuch wäre wohl in dieser ersten Phase zu kostspielig?

B: Ach nein, das würde ich nicht sagen ...

A: Auch ein Auslandsbesuch nicht?

B: Nein. Ein solcher Besuch kostet weniger als die Ausarbeitung eines neuen Angebots.

1 F Dialog (Tonband und Buch)

HÖREN Sie sich den Dialog 1 A nochmals an. LESEN Sie gleichzeitig den folgenden Dialogtext *stumm* mit. Arbeiten Sie anschließend den Text durch. Dabei hilft Ihnen das einsprachige Glossar im Anschluß an den Dialogtext, auf das die Zahlen in Klammern verweisen. HÖREN Sie sich schließlich den Dialog nochmals an und versuchen Sie, ihn gleichzeitig zu SPRECHEN.

Einführung:	Herr Naumann ist als (1) *Personalberater* für die Firma Euro-Engineering tätig, die einige (2) *Kaufleute* für die (3) *Ausarbeitung von Angeboten* einstellen will. Er informiert sich gerade bei einem (4) *leitenden Angestellten* dieser Firma über die Aufgaben der Projekt- und Angebotsabteilungen.
Herr Naumann:	Herr Gärtner, zu Ihren Aufgaben gehört die Bearbeitung von Projekten im weitesten Sinn. Vielleicht könnten Sie mir einmal anhand eines typischen Projekts Ihre Arbeit und die Tätigkeit Ihrer Mitarbeiter (5) *erläutern*.
Herr Gärtner:	Gerne. *Die Voraussetzung für unsere Tätigkeit ist* natürlich, *daß wir Kenntnis von einem Projekt erhalten* (6). Wir müssen also dafür sorgen, daß uns zum frühestmöglichen Zeitpunkt möglichst genaue Informationen über die Pläne (7) *unserer künftigen Kunden* zugehen ...
Herr Naumann:	... damit Sie schnell anbieten können!
Herr Gärtner:	Damit wir überhaupt eine offizielle (8) *Anfrage* bekommen. *Das ist* nämlich durchaus (9) *keine Selbstverständlichkeit*.
Herr Naumann:	Das wundert mich. Bei der Marktposition Ihrer Firma ...
Herr Gärtner:	Ja, Herr Naumann, sehen Sie, wir haben sehr viele Arbeitsgebiete und es kommen ständig neue hinzu. Da ist es ganz klar, daß wir unsere Interessenten ständig informiert halten müssen.
Herr Naumann:	Durch (10) *Anzeigen* und (11) *Prospekte,* nehme ich an ...
Herr Gärtner:	Ja, oder durch (12) *Ausstellungen* auf (13) *Messen* zum Beispiel. Natürlich (14) *pflegen wir* auch *die Beziehungen zu alten Kunden*.
Herr Naumann:	Machen Sie denn auch Besuche bei potentiellen Kunden?

15

Herr Gärtner:	Ja, unsere (15) *Akquisiteure* sind ständig unterwegs. Natürlich ist es auch eine Hauptaufgabe unserer (16) *Tochtergesellschaften* und (17) *Vertretungen*, Interessenten ausfindig zu machen.
Herr Naumann:	Sie haben gerade von der notwendigen Information über Ihre vielen Arbeitsgebiete gesprochen. Meinen Sie wirklich, daß Ihre Interessenten alle diese technischen Informationen lesen?
Herr Gärtner:	Nun, Herr Naumann, *wir machen* vorwiegend (18) *gezielte Werbung*. Wir konzentrieren unsere Bemühungen vor allem auf (19) *Verfahren* und (20) *Dienstleistungen*, bei denen wir gegenüber der (21) *Konkurrenz* Besseres — oder zumindest Gleichwertiges — anbieten können. Natürlich wissen wir, daß ein Teil unseres (22) *Werbeetats* (23) *zum Fenster hinausgeworfen ist,* aber (24) *damit müssen wir uns abfinden.*
Herr Naumann:	Gut, Herr Gärtner, nehmen wir an, Ihre Werbung ist, wie man so sagt, beim Interessenten (25) „*angekommen"* und er schickt Ihnen eine offizielle Anfrage. Was geschieht jetzt in Ihrer Abteilung?
Herr Gärtner:	Zunächst prüfen wir diese Anfrage unter zwei Gesichtspunkten, das heißt, wir fragen uns erstens, ob es sich um (26) *eine ernsthafte Anfrage* von einer ernst zu nehmenden Firma handelt, und wir fragen uns zweitens, wie unsere Chancen für das betreffende Projekt sind.
Herr Naumann:	Gibt es für diese Prüfung bestimmte (27) *Anhaltspunkte?*
Herr Gärtner:	Ja, wir haben hierfür vor einiger Zeit ein (28) Projekt*formular* eingeführt, das einen ganzen Katalog von Kriterien enthält.
Herr Naumann:	Aha, und Sie bearbeiten ein Projekt nur dann, wenn die Voraussetzungen dieses Katalogs erfüllt sind.
Herr Gärtner:	Genau.
Herr Naumann:	Gut. Nehmen wir nun an, Sie haben es mit einer seriösen Anfrage zu tun. (29) *Ist die Anfrage* immer *so klar formuliert,* daß Sie genau wissen, <u>was</u> Sie anbieten sollen?

Herr Gärtner:	Leider nein, (30) *das ist ein wunder Punkt.* Es gibt nur wenige Fälle, in denen der Anfrage *eine* genaue *Spezifikation* beiliegt, *die* für die Ausarbeitung des Angebots (31) *verbindlich ist.*
Herr Naumann:	Sie sagen „leider". Ist es denn nicht ganz angenehm, wenn Sie als Anbieter eine gewisse Freiheit haben?
Herr Gärtner:	Wissen Sie, wenn man viel Spielraum hat, ist man leicht geneigt, das Beste und Teuerste zu offerieren. Man bietet dem Kunden *eine* perfekte (32) *Anlage mit maximaler Ausstattung* an, und was passiert? Die Konkurrenz (33) *macht das Rennen* mit einer Niedrigpreis-Anlage . . . So haben wir schon manchen aussichtsreichen Auftrag verloren!
Herr Naumann:	Das heißt also wahrscheinlich, daß die technischen Einzelheiten vor Beginn der Angebotsausarbeitung geklärt werden müssen . . .
Herr Gärtner:	Ja, zum Beispiel dadurch, daß wir den Interessenten bitten, einen (34) *Fragebogen* auszufüllen, oder auch durch einen Besuch.
Herr Naumann:	Bei einem Auslandsprojekt ist so ein Besuch aber recht (35) *kostspielig,* meinen Sie nicht?
Herr Gärtner:	Das würde ich nicht sagen. Bei unseren Großprojekten sind die Ausgaben für einen solchen Besuch meistens viel geringer als die Kosten, die uns entstehen, *wenn wir das* ganze (36) *Angebot revidieren müssen.*
Herr Naumann:	Sie sprechen von Großprojekten. Will denn der Kunde immer sofort ein detailliertes Angebot?
Herr Gärtner:	Nein. Manchmal genügt ihm ein (37) *Schätzangebot,* zum Beispiel dann, wenn er zunächst eine (38) *Wirtschaftlichkeitsrechnung* aufstellen will. Aber oft wird schon in der ersten Phase ein detailliertes (39) *Angebot für eine schlüsselfertige Anlage* mit garantiertem (40) *Festpreis* und garantierter (41) *Lieferzeit* gefordert.

(1 Gongschlag)

1 der Personalberater

Privatunternehmer, der Firmen bei der Beschaffung und Auslese von qualifiziertem Personal unterstützt; zu seinen Aufgaben gehört auch das Texten entsprechender Anzeigen und die Insertion, d. h. die Aufgabe der Anzeigen in Zeitungen, Zeitschriften etc. (Einige Beispiele finden Sie in den Lesetexten am Ende dieses Bandes)

2 die Kaufleute

Plural von „der Kaufmann"; gemeint sind hier kaufmännische Angestellte der Firma

3 die Ausarbeitung von Angeboten

die Zusammenstellung von Sach- und Dienstleistungen, die Ermittlung von Preis und Lieferzeit etc. sowie die schriftliche Abfassung der entsprechenden Offerten

4 der leitende Angestellte

ein mit Führungsaufgaben betrauter Arbeitnehmer, meistens mit Zeichnungsvollmacht, d. h. mit der Befugnis, für eine Firma rechtsverbindlich zu zeichnen (zu unterschreiben); Zeichnungsvollmacht haben der Prokurist und der Handlungsbevollmächtigte; der Unterschrift des Prokuristen geht die Abkürzung „ppa." (per procura), der des Handlungsbevollmächtigten die Abkürzung „i. V." (in Vertretung) voraus

5 erläutern

erklären

6 die Voraussetzung für unsere Tätigkeit ist, daß wir Kenntnis von dem Projekt erhalten

wir können nur dann etwas tun, wenn wir über das Projekt informiert werden

7 der künftige Kunde

die Person oder Firma, die sich für unser Angebot interessiert, der Interessent

8 die Anfrage

die schriftlich oder (selten) mündlich geäußerte Bitte um Übersendung eines Angebots

9 das ist keine Selbstverständlichkeit

das versteht sich nicht von selbst, das ist nicht automatisch so

10 die Anzeige	hier: die Annonce, das Inserat = eine Veröffentlichung, Ankündigung in Zeitungen, Zeitschriften, Fachblättern etc. mit dem Ziel, Waren oder Leistungen bekanntzumachen und Kaufwünsche dafür zu wecken
11 der Prospekt	die Werbeschrift, oft mit Illustrationen (Fotos, Zeichnungen etc.)
12 die Ausstellung	öffentliche Veranstaltung, z. B. um wirtschaftliche oder technische Erzeugnisse und Leistungen zu zeigen; die Ausstellung ist eine von vielen Werbemöglichkeiten
13 die Messe	Veranstaltung mit Marktcharakter, die ein umfassendes Angebot eines oder mehrerer Wirtschaftszweige bietet; Beispiele in der BRD: die Deutsche Industriemesse in Hannover, die Internationale Frühjahrs- und Herbstmesse in Frankfurt
14 wir pflegen die Beziehungen zu alten Kunden	wir bemühen uns um die Aufrechterhaltung guter Verbindungen, wir bleiben in gutem Kontakt zu alten Kunden
15 der Akquisiteur	der Kundenwerber; im Anlagengeschäft z. B. (siehe Glossar 2 G, 28) ist es üblich, daß auch leitende Angestellte durch Besuche bei potentiellen Käufern „Akquisition", d. h. Kundenwerbung machen und Aufträge einbringen
16 die Tochtergesellschaft	die Filiale
17 die Vertretung	hier: Büro eines oder mehrerer Vertreter; Vertreter sind Personen, die ständig damit betraut sind, für einen anderen Geschäfte zu vermitteln und/oder in dessen Namen abzuschließen; bei selbständiger Tätigkeit sind sie Handelsvertreter, sonst Angestellte
18 wir machen gezielte Werbung	wir passen unsere Werbung den Wünschen und Bedürfnissen genau definierter Konsumenten an
19 das Verfahren	Methode zur Erreichung eines Ziels; gemeint sind hier technologische Verfahren (z. B. chemische, physikalische oder mechanische Verfahren)

20 die Dienstleistungen	die Leistungen der Firma Euro-Engineering sind einerseits „Sachleistungen", z. B. Lieferung von Maschinen und Apparaten, andererseits „Dienstleistungen", z. B. Anfertigung von Zeichnungen und Beratung beim Bau von Anlagen
21 die Konkurrenz	1. die Mitanbieter auf einem Markt, die Geschäftsrivalen 2. Bezeichnung für den Wettbewerb zwischen mehreren Anbietern
22 der Werbeetat (das Werbebudget)	Voranschlag im Rahmen des Finanzplans einer Firma für die Mittel, die innerhalb eines bestimmten Zeitraums für Werbung ausgegeben werden sollen
23 dieses Geld ist zum Fenster hinausgeworfen (Umgangssprache)	das ist nutzlos ausgegebenes Geld
24 damit müssen wir uns abfinden	das müssen wir hinnehmen
25 der Werbeslogan ist gut angekommen (Geschäftsjargon)	der Werbeslogan hat die gewünschte Wirkung beim Publikum gehabt
26 eine ernsthafte Anfrage	eine seriöse Anfrage, eine Anfrage von einer soliden Firma, die wirklich interessiert ist
27 Anhaltspunkte	Orientierungsdaten
28 das Formular	der Vordruck; für Angebote, Anfragen, Rechnungen, Bestellungen etc., d. h. Unterlagen, bei denen ein Teil des Textes in gleicher Form immer wieder vorkommt, gibt es Formulare, die Schreibarbeit sparen helfen
29 Ist die Anfrage klar formuliert?	Ist der Text der Anfrage so, daß man genau weiß, was der Interessent will?
30 das ist ein wunder Punkt	das ist eine schwache Stelle
31 diese Spezifikation ist verbindlich	an diese Spezifikation kann (oder muß) man sich halten, sie ist endgültig

32 eine Anlage mit maxi- maler Ausstattung	eine Anlage mit allen erdenklichen Maschinen, Apparaten und Einrichtungen
33 Wer wird das Rennen machen? (Umgangssprache)	Wer wird gewinnen?
34 der Fragebogen	Liste mit Fragen, oft als Vordruck; man füllt den Fragebogen aus, indem man die Fragen beantwortet
35 kostspielig	teuer
36 wir müssen das Angebot revidieren	wir müssen das Angebot prüfen, überarbeiten und eventuell nochmals schreiben
37 das Schätzangebot	ein kurzgefaßtes Angebot mit ungefähren Angaben betreffend Preis, Gewicht, Lieferzeit etc.
38 die Wirtschaftlichkeitsrechnung	hier: Untersuchung mit dem Ziel, festzustellen, ob die Realisierung des Projekts einen Gewinn erwarten läßt
39 das Angebot für eine schlüsselfertige Anlage	Angebot für die Lieferung aller maschinellen und sonstigen technischen Einrichtungen einer Anlage und für die Ausführung der Bau- und Montagearbeiten
40 der Festpreis	Preis, der nicht revidiert werden kann
41 die Lieferzeit	der Zeitraum, innerhalb dessen die Waren geliefert werden müssen

1 H Ergänzungsübung

SCHREIBEN Sie die fehlenden Wörter in die Lücken. Den Schlüssel zu dieser Übung finden Sie unter 1 I.

1. Herr Naumann ist als Personal . . . . für die Firma Euro-Engineering
   t . . . . , die einige Kauf . . . . . für die . . . arbeitung von Angeboten
   . . . stellen will.

2. Wir müssen da . . . sorgen, daß uns . . . frühestmöglichen Zeit . . . . . möglichst genaue Informationen . . . . die Pläne unserer Kunden . . gehen.

3. Unsere W . . . . . . konzentriert sich . . . Verfahren und Dienst . . . . ,
   bei . . . . . wir . . . . . über der Konkurrenz Besseres oder zu . . . .
   Gleichwertiges anbieten können.

4. Wenn der A . . . . . . keine genaue Spezifikation . . . liegt, müssen die technischen E . . . . vor Beginn der Angebots . . . . ung geklärt werden.

5. Wir bitten den Inter . . . . , einen Fragebogen . . . . . füllen, oder wir besuchen ihn sogar, denn die A . . . . für einen solchen Besuch sind meistens g . . . . als die Kosten, die uns . . . stehen, wenn wir das ganze Angebot . . . . dieren müssen.

6. Manchmal ge . . . . dem Kunden ein . . . . . . angebot, zum Beispiel dann, wenn er zu . . . . . . eine . . . . lichkeitsrechnung . . . stellen will.

7. Oft wird schon in der ersten P . . . . ein de . . . . Angebot für eine . . . . fertige Anlage mit garantiert . . . . . . preis und garantiert . . Lieferzeit gef . . . .

22

1. Personalberater – tätig – Kaufleute – Ausarbeitung – einstellen
2. dafür – zum – Zeitpunkt – über – zugehen
3. Werbung – auf – Dienstleistungen – denen – gegenüber – zumindest
4. Anfrage – beiliegt – Einzelheiten – Angebotsausarbeitung
5. Interessenten – auszufüllen – Ausgaben – geringer – entstehen – revidieren
6. genügt – Schätzangebot – zunächst – Wirtschaftlichkeitsrechnung – aufstellen
7. Phase – detailliertes – schlüsselfertige – garantiertem – Festpreis – garantierter – gefordert

2 A Dialog (Tonband)

HÖREN Sie sich den Dialog mehrmals an.
Das Ende des Dialogs Teil 2 wird durch zwei Gongschläge gekennzeichnet.
Machen Sie wieder unmittelbar im Anschluß daran die Auswahlübung 2 B und
die Wiederholungsübung 2 D.

2 B Auswahlübung

LESEN Sie den folgenden Text. Kreuzen Sie diejenige Aussage an, die den im Dialog gegebenen Informationen entspricht. Den Schlüssel zu dieser Übung finden Sie unter 2 C.

1. Was ist mit den Verbrauchszahlen gemeint? Das ist zum Beispiel der Bedarf
   a) an Personal und Platz
   b) Lieferungen und Leistungen
   c) elektrischer Energie und Wasser

2. Die Preisstellung besagt, wie sich der Preis versteht, das heißt zum Beispiel für Lieferung
   a) ab Werk oder frei Grenze
   b) mit oder ohne Material- und Lohnindices
   c) in EG- oder COMECON-Länder

3. Zu den Arbeiten, die Kunden in COMECON-Ländern prinzipiell in eigener Regie ausführen, gehören die
   a) Arbeiten für den Umweltschutz
   b) Bau- und Montagearbeiten
   c) Arbeiten zur Beseitigung von Abwasser

4. Einen Festpreis kann Euro-Engineering nur unter bestimmten Voraussetzungen machen. Eine dieser Voraussetzungen ist die Möglichkeit,
   a) den Lieferumfang zu revidieren
   b) die Technologie des Verfahrens zu ändern
   c) das Risiko von Preiserhöhungen im Vertragspreis zu berücksichtigen

2 C Schlüssel zur Auswahlübung

1. c)   2. a)   3. b)   4. c)

2 D Wiederholungsübung (Tonband)

1. Hören Sie sich den Kurzdialog an.

2. Spulen Sie das Band zurück und wiederholen Sie, was der erste Dialogpartner sagt.

3. Spulen Sie das Band zurück und wiederholen Sie, was der zweite Dialogpartner sagt.

Auf dem Tonband folgt diese Übung dem Dialog 2 A. Schauen Sie bei dieser Übung nicht in Ihr Buch. Imitieren Sie die Aussprache und Intonation der Sprecher(in). Wiederholen Sie diese Übung mehrmals und versuchen Sie dann allein oder zu zweit, diesen Kurzdialog ohne Tonband zu spielen. Schreiben Sie sich als Gedächtnisstütze einige Stichworte auf.

2 E Wiederholungsübung

LESEN Sie diesen Text erst nach der Arbeit mit dem Tonband.

A: Bieten Sie auch Bau- und Montagearbeiten an?

B: Ja, für Kunden in EG-Ländern machen wir das oft.

A: Und für Kunden in COMECON-Ländern?

B: Nein, dort führt man solche Arbeiten in eigener Regie aus.

A: Wie kommt das?

B: Die deutschen Preise sind zu hoch.

A: Aha. Wie berücksichtigen Sie eigentlich die ständigen Preiserhöhungen in Ihren Angeboten?

B: Durch eine Preisgleitklausel.

A: Können Sie damit Lohnerhöhungen kompensieren?

B: Ja, und Materialpreiserhöhungen.

A: Aber wenn nun ein Kunde einen Festpreis wünscht?

B: Auf einen solchen Wunsch können wir nur unter bestimmten Voraussetzungen eingehen.

A: Können Sie mir das näher erklären?

B: Zum Beispiel müssen unsere Unterlieferanten auch bereit sein, mit uns zu einem Festpreis abzuschließen.

A: Ist das die einzige Voraussetzung?

B: Nein. Wir müssen auch zum Beispiel bei Montagen den Fortgang der Arbeiten selbst beeinflussen können.

2 F Dialog (Tonband und Buch)

HÖREN Sie sich den Dialog 2 A nochmals an. LESEN Sie gleichzeitig den folgenden Dialogtext *stumm* mit. Arbeiten Sie anschließend den Text durch. Dabei hilft Ihnen das einsprachige Glossar im Anschluß an den Dialogtext, auf das die Zahlen in Klammern verweisen. HÖREN Sie sich schließlich den Dialog nochmals an und versuchen Sie, ihn gleichzeitig zu SPRECHEN.

Herr Naumann:	Herr Gärtner, Sie haben einen Kriterienkatalog für die Bearbeitung von Anfragen. Gibt es solche Kriterien auch für die Ausarbeitung von Angeboten?
Herr Gärtner:	Ja, Herr Naumann, das gibt es, und die einzelnen Punkte verstehen sich eigentlich von selbst. Unser Angebot muß dem potentiellen Kunden klare (1) *Auskunft* geben über das, was ihn in erster Linie interessiert, wenn er bei uns eine Anlage kaufen will: Das ist die Technologie des angebotenen Verfahrens, und das sind die Vorzüge unseres Verfahrens; das sind ferner die (2) *Garantie-* und (3) *Verbrauchszahlen* . . .
Herr Naumann:	Was meinen Sie mit Verbrauchszahlen?
Herr Gärtner:	Zum Beispiel der Bedarf an elektrischer Energie, an Öl, an Wasser und so weiter pro Tonne erzeugtes Produkt . . .
Herr Naumann:	Ah ja. Was gehört denn noch zu den wesentlichen Punkten des Angebots? Der Preis natürlich . . .
Herr Gärtner:	Der Preis, ja, die Preisstellung, die Zahlungsbedingungen . . .
Herr Naumann:	Entschuldigen Sie, was verstehen Sie unter Preisstellung?
Herr Gärtner:	Die Preisstellung besagt, wie sich der Preis versteht, das heißt mit oder ohne (4) *Verpackung,* für (5) *Lieferung ab Werk,* (6) *frei Grenze,* (7) frei *Baustelle* und so weiter.
Herr Naumann:	Aha. Der Personalbedarf wird wohl auch eine Rolle spielen ...
Herr Gärtner:	Ja, der Personalbedarf und der Platzbedarf . . . auch die Lieferzeit, und die nicht zuletzt!
Herr Naumann:	Ja, natürlich. Herr Gärtner, es wird heutzutage so viel von (8) *Umweltschutz* geredet. Kommt das Thema Umweltschutz auch in Ihren Angeboten vor?

Herr Gärtner:	(9) *Durchaus.* Auf der einen Seite sind viele der Anlagen, die wir bauen, (10) *Einrichtungen* für den Schutz der Umwelt. Zum Beispiel unsere Filter für die (11) *Entstaubung von Abgasen* und unsere Wasserreinigungsanlagen. Andererseits bauen wir natürlich auch Anlagen, in denen (12) *umweltschädliche Stoffe* als Neben- oder Abfallprodukte entstehen.
Herr Naumann:	Und das können Sie dem Interessenten nicht verschweigen!
Herr Gärtner:	Nein, im Gegenteil. Wir müssen ihn deutlich darauf hinweisen, daß diese Abgase oder *Abwässer* entstehen, und wir müssen Vorschläge (13) *zu ihrer Beseitigung* machen.
Herr Naumann:	Was ja auf der anderen Seite wieder eine Geschäftsmöglichkeit für Sie bedeutet!
Herr Gärtner:	Das ist richtig. Was übrigens auch unbedingt in das Angebot gehört, ist eine genaue Definition des (14) *Lieferumfangs,* (15) *beziehungsweise* eine genaue Abgrenzung der angebotenen Lieferungen und Leistungen.
Herr Naumann:	Was für einen Umfang hat denn so ein typisches Angebot bei Ihnen?
Herr Gärtner:	(16) *Das kommt auf die Anlage* und die Ausführlichkeit des Angebots *an,* aber die meisten unserer Angebote sind regelrechte Bücher von fünfzig, hundert oder noch mehr Seiten.
Herr Naumann:	(17) *Ach du liebe Zeit!* Da müssen Sie wohl in Kapitel unterteilen ...
Herr Gärtner:	Ja, das stimmt. Früher begannen unsere Angebote mit dem (18) *Inhaltsverzeichnis,* dann kam die Einleitung, dann der technische Teil und schließlich der Preis und die kaufmännischen Bedingungen ...
Herr Naumann:	... im Schlußkapitel, sozusagen!
Herr Gärtner:	Genau. Da aber der Preis und die kommerziellen Bedingungen den Kunden ganz besonders interessieren, fangen unsere Angebote jetzt mit dem kaufmännischen Teil an und hören mit dem technischen Teil auf.
Herr Naumann:	Geben Sie in diesem ersten Teil einen Gesamtpreis an?
Herr Gärtner:	Ja, aber wichtig ist vor allem die Preisaufteilung, die von vielen unterschiedlichen Faktoren abhängt.

Herr Naumann:	Zum Beispiel?
Herr Gärtner:	Hm ... Nehmen wir mal die Bau- und Montagearbeiten. Wenn wir eine schlüsselfertige Anlage in (19) *EG-Länder* liefern, gehören diese Arbeiten oft (20) *zu den von uns zu erbringenden Leistungen.* Sie gehen also in den Gesamtpreis ein. (21) *In COMECON-Ländern* dagegen führen unsere Kunden solche Arbeiten prinzipiell (22) *in eigener Regie* aus.
Herr Naumann:	Ah ja. Da wäre es natürlich Unsinn, diese Arbeiten anzubieten und damit den Gesamtpreis zu erhöhen ...
Herr Gärtner:	... zumal die entsprechenden *Preise, die wir* ja (23) *aufgrund deutscher Verhältnisse ermitteln,* oft weit über denen liegen, (24) *die in anderen Ländern gelten.*
Herr Naumann:	(25) *Wie berücksichtigen Sie* eigentlich *die ständig steigenden Preise in Ihren Angeboten?*
Herr Gärtner:	Unsere Angebote enthalten eine (26) *Preisgleitklausel* für den Material- und Lohnanteil unserer Lieferungen und Leistungen.
Herr Naumann:	Diese Klausel wird wohl nicht immer bereitwillig vom Kunden akzeptiert?
Herr Gärtner:	Nein. Über die (27) *Material- und Lohnindices* beziehungsweise über den prozentualen Anteil dieser Indices wird hart verhandelt. Natürlich gibt es auch Kunden, die einen Festpreis wünschen.
Herr Naumann:	*Können Sie* denn (28) *im Anlagengeschäft* (29) *auf solche Wünsche* eingehen? Ich meine, bei so langen Lieferzeiten ...
Herr Gärtner:	Das kommt darauf an. Wenn unsere Unterlieferanten <u>auch</u> bereit sind, mit uns *zu einem* (30) *Festpreis abzuschließen,* wenn wir das Risiko der Preiserhöhungen im Vertragspreis entsprechend berücksichtigen können, wenn wir, zum Beispiel bei Montagen, den Fortgang der Arbeiten selbst beeinflussen können ...
Herr Naumann:	Das sind aber viele Wenns!
Herr Gärtner:	Diese Voraussetzungen müssen erfüllt sein, sonst können wir keinen Festpreis machen, selbst wenn das den Verlust des Auftrags bedeutet. Das Risiko wäre einfach zu groß.

(2 Gongschläge)

2 G Glossar

1 die Auskunft	die Information
2 die Garantiezahlen	in unserem Angebot geben wir unter anderem die Produktionsleistung der Anlage an; wenn wir die entsprechende Zahl, z. B. 500 Tonnen pro Tag, garantieren, so ist das eine Garantiezahl
3 der Verbrauch	das, was konsumiert wird
4 die Verpackung	die Kiste, in der sich eine Sendung befindet, ist eine Verpackung
5 die Lieferung ab Werk	der Verkäufer verpflichtet sich, dem Käufer die Ware zu der vertraglich vereinbarten Zeit im Werk zur Verladung auf das vom Käufer zu beschaffende Beförderungsmittel zur Verfügung zu stellen und alle Kosten und Gefahren bis zur Übergabe zu tragen
6 die Lieferung frei Grenze	sinngemäß wie unter (5), aber mit Übergabe der Ware an der entsprechenden Landesgrenze
7 die Baustelle	der Platz, an dem gebaut wird (z. B. ein Haus oder eine Industrieanlage)
8 der Umweltschutz	der Schutz, die Erhaltung unserer natürlichen Umgebung (Land, Wasser, Luft)
9 durchaus	hier: ja, das ist völlig richtig
10 die Einrichtungen	hier: Maschinen, Apparate, Geräte
11 die Entstaubung von Abgasen	die Entfernung von Staub aus den Gasen, die bei einem technischen Prozeß entstehen
12 umweltschädliche Stoffe	Substanzen, z. B. häusliche und industrielle Abfallstoffe, die unsere natürliche Umgebung (Land, Wasser und Luft) verunreinigen
13 die Beseitigung des Abwassers	die Entfernung des verbrauchten (verschmutzten) Wassers
14 der Lieferumfang	das Ausmaß der Lieferungen
15 beziehungsweise	oder

16 das kommt auf die Anlage an	das hängt von (der Art) der Anlage ab
17 Ach du liebe Zeit! (Umgangssprache)	Oft verwendeter Ausruf, der Überraschung, manchmal gemischt mit Bestürzung, ausdrückt; ähnlich: Ach du meine Güte! Das darf doch nicht wahr sein!
18 das Inhaltsverzeichnis	Liste dessen, was der Text enthält
19 die EG-Länder (gelegentlich auch noch EWG-Länder genannt)	die Länder der Europäischen Gemeinschaft (die Länder der Europäischen Wirtschaftsgemeinschaft)
20 die von uns zu erbringenden Leistungen	unsere vertraglichen Leistungen
21 die COMECON-Länder	die Ostblockländer, die in dem Rat für gegenseitige Wirtschaftshilfe (Council for Mutual Economic Aid, mit Sitz in Moskau) zusammengeschlossen sind; Ziel des COMECON ist die Verflechtung der Volkswirtschaften des Ostblocks, insbesondere zur Rationalisierung und Optimierung der industriellen Produktion
22 in eigener Regie	selbst, in eigener Verantwortung, ohne fremde Hilfe
23 wir haben die Preise aufgrund deutscher Verhältnisse ermittelt	unsere Preiskalkulation basiert auf den in Deutschland herrschenden Bedingungen
24 in diesen Ländern gelten andere Preise	in diesen Ländern sind andere Preise gültig, in diesen Ländern sind die Preise anders
25 Wie berücksichtigen Sie die ständig steigenden Preise in Ihren Angeboten?	Wie tragen Sie den anhaltenden Preiserhöhungen in Ihren Angeboten Rechnung?
26 die Preisgleitklausel	die Klausel (Bedingung), gemäß welcher der Preis nach einer bestimmten Formel revidiert (normalerweise erhöht) werden kann
27 die Material- und Lohnindices	hier: Kennzahlen für den Materialanteil und den Lohnanteil des Angebotspreises
28 das Anlagengeschäft	das Geschäft mit der Lieferung von Industrieanlagen (auch: das Geschäft mit Investment-Anteilen!)

29 auf diese Wünsche können wir nicht eingehen	diese Wünsche können wir nicht berücksichtigen, akzeptieren
30 wir sind bereit, zu einem Festpreis abzuschließen	wir sind bereit, einen Vertrag mit Festpreis zu machen, zu unterschreiben

2 H Ergänzungsübung

SCHREIBEN Sie die fehlenden Wörter in die Lücken. Den Schlüssel zu dieser Übung finden Sie unter 2 I.

1. ... den Kunden .. erster Linie interessiert, das ist die T.......... des angebotenen Verfahrens, dessen Vor...., die Garantie- und V.........-zahlen, sowie der Preis und die Preis..... ung.

2. Wenn in unserer Anlage ...... schädliche Stoffe ... Neben- oder Abfallprodukte ... stehen, müssen wir den Kunden ...... hinweisen und ihm Vorschläge .. ihrer Be......... machen.

3. Wenn die Firma in .. -Länder liefert, ... die Bau- und Montagearbeiten oft zu den .. erbringenden Leistungen, während sie von Kunden in ....-Ländern p.......... in .... Regie ..... führt werden.

4. Die Preise, die ... grund deutscher ... hältnisse er....... werden, liegen oft weit über ....., die in anderen Ländern g...... .

5. Die Angebote ... halten eine Preis..... klausel für den Material- und ...... teil der Lieferungen und Leistungen, die nicht immer bereit ...... vom Kunden ..... tiert wird.

6. Wenn der Kunde einen Festpreis wünscht, müssen wir das R..... der Preis.... ungen im Vertragspreis be............ und den Fortgang von Bau- und Montagearbeiten selbst ..... flussen können.

7. Alle diese ...... setzungen müssen .....lt sein, ... können wir keinen Festpreis machen, ... wenn das den Ver.... des Auftrags be....... .

1. Was – in – Technologie – Vorzüge – Verbrauchszahlen – Preisstellung
2. umweltschädlich – als – entstehen – darauf – zu – Beseitigung
3. EG-Länder – gehören – zu – COMECON-Ländern – prinzipiell – eigener – ausgeführt
4. aufgrund – Verhältnisse – ermittelt – denen – gelten
5. enthalten – Preisgleitklausel – Lohnanteil – bereitwillig – akzeptiert
6. Risiko – Preiserhöhungen – berücksichtigen – beeinflussen
7. Voraussetzungen – erfüllt – sonst – selbst – Verlust – bedeutet

3 A Dialog (Tonband)

HÖREN Sie sich den Dialog mehrmals an.
Das Ende des Dialogs Teil 3 wird durch 3 Gongschläge gekennzeichnet.
Bitte vor dem Lesen des Dialogtextes unbedingt erst die Auswahl- und Wieder-
holungsübung durchgehen.

3 B Auswahlübung

LESEN Sie den folgenden Text. Kreuzen Sie diejenige Aussage an, die den im Dialog gegebenen Informationen entspricht. Den Schlüssel zu dieser Übung finden Sie unter 3 C.

1. Was ist die beste Methode, um die Erfolgsaussichten eines Projekts schon im Stadium der Anfrage und des Angebots zu erhöhen?
   a) Die Absendung von standardisierten Angeboten
   b) Die Ausarbeitung von ausgefüllten Spezialangeboten
   c) Die Abgabe von Angeboten für möglichst viele Anfragen auf interessanten Gebieten

2. Wer sind die Leute, die in vielen Fällen nur das Begleitschreiben zu einem Angebot lesen? Das sind die Direktoren, Chefingenieure und
   a) Einkaufsleiter
   b) Baustellenleiter
   c) Sachbearbeiter

3. Aus der Referenzliste für die angebotene Art von Anlage muß hervorgehen,
   a) welche Anlage wo und für wen gebaut wurde
   b) wieviele Anlagen wo und für wen gebaut wurden
   c) wann die Anlage wo und für wen gebaut wurde

4. Zu den möglichen Vorzügen, auf die im Begleitschreiben zum Angebot hinzuweisen ist, gehören geringe
   a) Betriebs- und Wartungskosten
   b) Investitions- und Akquisitionskosten
   c) Wartungs- und Revisionskosten

3 C Schlüssel zur Auswahlübung

3 D Wiederholungsübung (Tonband)

1. Hören Sie sich den Kurzdialog an.
2. Spulen Sie das Band zurück und wiederholen Sie, was der erste Dialogpartner sagt.
3. Spulen Sie das Band zurück und wiederholen Sie, was der zweite Dialogpartner sagt.

Auf dem Tonband folgt diese Übung dem Dialog 3 A. Schauen Sie bei dieser Übung nicht in Ihr Buch. Imitieren Sie die Aussprache und Intonation der Sprecher(in). Wiederholen Sie diese Übung mehrmals und versuchen Sie dann allein oder zu zweit, diesen Kurzdialog ohne Tonband zu spielen. Schreiben Sie sich als Gedächtnisstütze einige Stichworte auf.

3 E Wiederholungsübung

LESEN Sie diesen Text erst nach der Arbeit mit dem Tonband.

A: Wenn das Angebot abgeschickt ist, können Sie zunächst nichts mehr tun — ist das richtig?

B: Nicht ganz. Mit der Abgabe des Angebots ist es nicht getan.

A: Aber jetzt muß doch der Interessent erst einmal reagieren!

B: Nein, schon jetzt muß das Projekt aktiv verfolgt werden.

A: Was verstehen Sie denn unter der Verfolgung des Projekts?

B: Wir schreiben dem Interessenten zum Beispiel einen Brief oder wir telefonieren mit ihm.

A: Bevor er auf Ihr Angebot reagiert hat?

B: Ja, unter Umständen besuchen wir ihn sogar.

A: Das verstehe ich aber nicht ganz . . .

B: Nun, Rückfragen oder Besuche beweisen, daß wir wirklich an der Sache interessiert sind.

A: Sie meinen, der Interessent sieht das als eine Art Versicherung für gute Bearbeitung an . . .

B: Genau. Außerdem bietet ein Gespräch die Möglichkeit, Mißverständnisse auszuräumen . . .

A: . . . und vielleicht auch Konkurrenzargumenten entgegenzutreten, nicht wahr?

B: Ja, oder solche Argumente mindestens abzuschwächen — Sie sehen, wie wichtig so ein Besuch sein kann.

3 F Dialog (Tonband und Buch)

HÖREN Sie sich den Dialog 3 A nochmals an. LESEN Sie gleichzeitig den folgenden Dialogtext *stumm* mit. Arbeiten Sie anschließend den Text durch. Dabei hilft Ihnen das einsprachige Glossar im Anschluß an den Dialogtext, auf das die Zahlen in Klammern verweisen. HÖREN Sie sich schließlich den Dialog nochmals an und versuchen Sie, ihn gleichzeitig zu SPRECHEN.

Herr Naumann: Herr Gärtner, können Sie die Erfolgsaussichten eines Projektes schon (1) *im Stadium der Anfrage* und des Angebots beurteilen?

Herr Gärtner: Das ist sehr schwierig. Der sicherste Weg für uns ist, wenn wir für die meisten Anfragen auf interessanten Gebieten Angebote abgeben.

Herr Naumann: Ist Ihnen das, von der Arbeitskapazität Ihrer Abteilung her gesehen, überhaupt möglich?

Herr Gärtner: Nur wenn es sich um (2) *vorläufige Angebote* oder Schätzangebote handelt, bei denen (3) *der Arbeitsaufwand gering ist.* Aber wir sind dabei, unsere (4) Angebots*unterlagen* weitgehend zu standardisieren, um den Arbeitsaufwand und damit die Kosten für die Angebotsbearbeitung zu senken.

Herr Naumann: Das heißt also, daß bis jetzt die Unterlagen für jeden Projektfall neu erarbeitet werden mußten.

Herr Gärtner: Zum Teil ja. Man muß natürlich auch bedenken, daß sich nicht alle Unterlagen für eine Standardisierung eignen. Aber wo wir standardisieren können, tun wir es, denn eine aktive (5) *Akquisition* ist nur dann möglich, wenn erkannte Projekte schnell bearbeitet werden und wenn (6) *sichergestellt ist, daß die vom Interessenten gewünschte Information prompt geliefert wird.*

Herr Naumann: Ist so ein Standardangebot nicht etwas ... ich möchte fast sagen „unpersönlich"? Hat es die gleichen Chancen, wie *ein* speziell (7) *auf die Wünsche des Interessenten abgestimmtes Angebot?*

Herr Gärtner: Ein sofort abgeschicktes Standardangebot ist meistens besser als *ein* wochenlang (8) *ausgefeiltes* Spezial*angebot*. Die Praxis zeigt im übrigen, daß viele *Interessenten* selbst (9) *noch keine exakte Vorstellung* von der gewünschten Anlage *haben*. Das führt bei einer (10) *voreiligen* Ausarbeitung umfangreicher Angebote zu kostspieligen Revisionen.

Herr Naumann:	Zusammenfassend könnte man also wohl sagen, daß der Erfolg Ihrer Bemühungen, einen Auftrag zu erhalten, wesentlich von der (11) *zügigen* Bearbeitung der Anfrage abhängt ...
Herr Gärtner:	Richtig. Natürlich kommen noch andere Faktoren hinzu. Eine große Bedeutung hat zum Beispiel auch (12) *das Begleitschreiben zu einem Angebot.*
Herr Naumann:	Ja? Wie ist das zu erklären?
Herr Gärtner:	Das Begleitschreiben ist sozusagen die Verpackung und muß entsprechend attraktiv sein. Im übrigen ist es bekannt, daß auf der Kundenseite gerade die wichtigsten Leute, die Direktoren, Chefingenieure, Einkaufsleiter und so weiter, in vielen Fällen nur das Begleitschreiben lesen und das genaue Studium des Angebots den (13) *Sachbearbeitern* überlassen.
Herr Naumann:	Hm. Das heißt also, daß alle wesentlichen Punkte und Vorteile im Begleitschreiben hervorgehoben werden müssen.
Herr Gärtner:	Ja, genau. Ins Begleitschreiben gehört die Definition des Verfahrens und der Anlage, (14) *ihre Leistung,* (15) *die Einsatz- und Endprodukte* . . .
Herr Naumann:	Dann wohl der Preis und die Lieferzeit . . .
Herr Gärtner:	. . . und der Lieferumfang. Wichtig ist gegebenenfalls ein Hinweis auf Finanzierungsmöglichkeiten, zum Beispiel über eine unserer Tochtergesellschaften im Ausland . . .
Herr Naumann:	Vielleicht auch ein Hinweis auf Ihre besonderen Erfahrungen auf dem betreffenden Gebiet . . .
Herr Gärtner:	Ja, unter Umständen sogar in Form einer beigelegten Referenzliste, aus der hervorgeht, wieviele Anlagen dieser Art Euro-Engineering schon wo und für wen gebaut hat.
Herr Naumann:	(16) *Wie stellen Sie die Vorzüge* Ihrer Anlagen im einzelnen *dar?*
Herr Gärtner:	Nun, wir weisen zum Beispiel hin auf die besonders gute

41

Qualität des Endprodukts ..., auf *die* geringen (17) *Investitionskosten* und *die* geringen (18) *Betriebskosten* ..., auf die Betriebssicherheit und die Lebensdauer unserer Maschinen und Apparate ..., auch auf die geringen (19) *Wartungskosten* und vieles mehr.

Herr Naumann:	Ja, das ist wichtig. ... Nun, Herr Gärtner, wenn das Angebot und der Begleitbrief geschrieben und abgeschickt sind, dann liegt das weitere Schicksal des Projekts wohl zunächst in den Händen des Interessenten — sehe ich das richtig?
Herr Gärtner:	Nicht ganz. (20) *Mit der Abgabe des Angebots ist es nicht getan.* Was sich jetzt unmittelbar anschließen muß, das ist die Verfolgung des Projekts durch unsere Abteilung beziehungsweise durch eine unserer Tochtergesellschaften oder Vertretungen im Ausland.
Herr Naumann:	Was verstehen Sie denn im einzelnen unter Projektverfolgung?
Herr Gärtner:	Wir telefonieren mit dem Interessenten, wir schicken ihm einen Brief oder ein (21) *Telex,* (22) *unter Umständen* besuchen wir ihn sogar. Wissen Sie, Rückfragen oder Besuche zeigen dem potentiellen Kunden, daß wir wirklich an der Sache interessiert sind.
Herr Naumann:	Und Ihr Interesse sieht er dann wohl als eine Art Versicherung für gute Bearbeitung an ...
Herr Gärtner:	Genauso ist es. Wenn wir nach der Abgabe des Angebots nichts unternehmen, dann *wird das* von den meisten potentiellen Kunden (23) *als Beweis dafür gewertet,* daß wir kein besonderes Interesse an der Sache haben.
Herr Naumann:	Ich könnte mir auch vorstellen, daß ein Gespräch nach der Angebotsabgabe Ihnen die Möglichkeit gibt, irgendwelche (24) *Mißverständnisse auszuräumen* ...
Herr Gärtner:	Ja, das stimmt. Oft haben wir so auch eine Gelegenheit, Konkurrenzargumenten entgegenzutreten oder diese zumindest abzuschwächen, was natürlich sehr wichtig ist.
Herr Naumann:	Ja, Herr Gärtner, es ist jetzt fast elf Uhr, und Sie haben ja noch die Besprechung mit Herrn Schulz auf Ihrem (25) *Terminkalender* ...

Herr Gärtner:	Ja, das stimmt allerdings.
Herr Naumann:	Dann also nochmals vielen Dank für Ihre Auskünfte!
Herr Gärtner:	(26) *Nichts zu danken,* Herr Naumann. Auf Wiedersehen und viel Erfolg!

(3 Gongschläge)

1 in diesem Stadium	in dieser Phase, auf dieser Stufe
2 ein vorläufiges Angebot	Gegensatz: ein endgültiges, definitives Angebot
3 der Arbeitsaufwand für ein Schätzangebot ist gering	das Schätzangebot macht nicht viel Arbeit, ist nur mit wenig Arbeit verbunden
4 die Unterlagen	Dokumente jeder Art, z. B. Spezifikationen, Pläne, Listen
5 die Akquisition	die Kundenwerbung (siehe auch 1 G, 15)
6 es ist sichergestellt, daß die vom Interessenten gewünschten Informationen prompt geliefert werden	es ist alles Erforderliche getan worden, damit der Interessent die gewünschten Informationen ohne Verzögerung bekommt
7 ein auf die Wünsche des Interessenten abgestimmtes Angebot	ein Angebot, das den Wünschen des Interessenten Rechnung trägt; ein Angebot, das die Wünsche des Kunden berücksichtigt
8 ein ausgefeiltes Angebot	ein bis in die Kleinigkeiten präzises Angebot
9 der Interessent hat keine exakte Vorstellung von der Anlage	der Interessent weiß nicht genau, wie die Anlage aussieht (oder aussehen soll)
10 voreilig	übereilt, zu schnell
11 zügig	rasch, prompt, ohne Unterbrechung
12 das Begleitschreiben zum Angebot	der Brief, den man zusammen mit dem Angebot abschickt
13 der Sachbearbeiter	der Angestellte in einer Firma (oder der Beamte in einer Behörde), der für ein bestimmtes Fachgebiet zuständig ist
14 die Leistung der Anlage	die Produktionskapazität; die Menge eines bestimmten Produkts, die in der Anlage hergestellt werden kann

15 die Einsatz- und Endprodukte	in einer Papierfabrik ist Holz das Einsatzprodukt und Papier das Endprodukt
16 wie stellen Sie die Vorzüge dar?	wie machen Sie die Vorteile deutlich?
17 die Investitionskosten	hier: die Kosten für die Beschaffung der maschinellen Ausrüstung etc. und den Bau der Anlage
18 die Betriebskosten	hier: die Kosten der Fertigung einschließlich Materialkosten
19 die Wartungskosten	Aufwendungen für Reinigung, Pflege und laufende Instandhaltung (kleinere Reparaturen) von Anlagen aller Art
20 damit ist es nicht getan	das ist nicht genug
21 das Telex	das Fernschreiben
22 unter Umständen	gegebenenfalls, vielleicht
23 das wird als Beweis gewertet	das wird als Beweis angesehen
24 Mißverständnisse ausräumen	Mißverständnisse beseitigen
25 der Terminkalender	der Zeitplan, in dem die Termine, das heißt, die vereinbarten Besprechungen und sonstigen geschäftlichen Verpflichtungen, notiert werden
26 nichts zu danken	wenn sich ein Gesprächspartner bedankt, z. B. „Danke schön!", „Vielen Dank!", „Herzlichen Dank!", dann antwortet der andere Gesprächspartner mit einer Bemerkung wie „Bitte schön!", „Nichts zu danken!", „Aber ich bitte Sie!" oder „Gern geschehen!"

3 H Ergänzungsübung

SCHREIBEN Sie die fehlenden Wörter in die Lücken. Den Schlüssel zu dieser
Übung finden Sie unter 3 I.

1. Wir sind da . . . , unsere Angebots . . . . weit . . . . . . zu standardisieren, um den Arbeits . . . . und da . . . die Kosten zu . . . .

2. Zusammenf . . . . . . kann man sagen, daß der Erfolg unserer . . . . hungen,
   einen Auftrag zu erhalten, w . . . . . lich von der zügigen B . . . . . . tung der
   Anfrage ab. . . gt.

3. Es ist bekannt, daß die Direktoren, Chef . . . . und . . . . leiter
   unserer Kunden oft nur das . . . . schreiben lesen und das genaue
   S . . . . . . des Angebots den . . . . bearbeitern . . . . lassen.

4. Wichtig ist g . . . . falls ein . . . weis . . . Finanzierungsmöglichkeiten,
   . . . Beispiel über eine unserer . . . . gesellschaften im Ausland.

5. Wir unterstreichen die geringen In . . . . kosten, die hohe Betriebs-
   . . . . . . heit, die lange Lebens . . . . . der Maschinen und Ap . . . . . . sowie
   die niedrigen Betriebs- und W . . . . kosten der Anlage.

6. Die Projektver . . . . besteht darin, daß wir mit dem Interessenten telefonieren, ihm einen Brief oder ein T . . . . schicken und ihn unter
   . . . . sogar besuchen, denn R . . . fragen oder Besuche zeigen ihm,
   daß wir wirklich . . . . . . Sache interessiert sind.

7. Ein Ge . . . . . . nach der Angebots . . . . be bietet die Möglichkeit, Miß-
   . . . . auszu . . . . . . und Konkurrenzargumenten . . . . -
   treten oder diese mindestens . . . . schwächen.

1. dabei – Angebotsunterlagen – weitgehend – Arbeitsaufwand – damit – senken

2. Zusammenfassend – Bemühungen – wesentlich – Bearbeitung – abhängt

3. Chefingenieure – Einkaufsleiter – Begleitschreiben – Studium – Sachbearbeitern – überlassen

4. gegebenenfalls – Hinweis – auf – zum – Tochtergesellschaften

5. Investitionskosten – Betriebssicherheit – Lebensdauer – Apparate – Wartungskosten

6. Projektverfolgung – Telex – Umständen – Rückfragen – an – der

7. Gespräch – Angebotsabgabe – Mißverständnisse – auszuräumen – entgegenzutreten – abzuschwächen

4 A Vier-Phasen-Übungen (Tonband)

SPRECHEN Sie, wie es Ihnen Ihre Tonbandlehrer zu Beginn jeder Übung vor-
machen. Das geht z. B. so vor sich:

Lehrer: Soviel ich weiß, bearbeitet Herr Gärtner die Industrieprojekte . . .
Schüler: Das stimmt, zu seinen Aufgaben gehört die Bearbeitung der
            Industrieprojekte

Ein solches Beispiel zeigt Ihnen, wie Sie reagieren sollen, wenn Ihnen ähnliche
Sprechanreize gegeben werden, etwa so:

Lehrer: Soviel ich weiß, standardisiert Herr Gärtner die Angebotsunter-
            lagen
Schüler: Das stimmt, zu seinen Aufgaben gehört die Standardisierung der
            Angebotsunterlagen
Lehrer: Das stimmt, zu seinen Aufgaben gehört die Standardisierung der
            Angebotsunterlagen
Schüler: Das stimmt, zu seinen Aufgaben gehört die Standardisierung der
            Angebotsunterlagen

Sie versuchen also immer, auf den Sprechanreiz, den „Stimulus", richtig zu reagieren. Falls Sie einen Fehler machen: Ihre Tonbandlehrer geben Ihnen anschließend die Modellantwort. Wiederholen Sie immer diese Modellantwort.
Mehrmaliges Durcharbeiten der Drills erhöht den Lernerfolg.

4 B Vier-Phasen-Übungen

LESEN Sie diese Texte erst nach der Arbeit mit dem Tonband.

„Das stimmt, zu Herrn Gärtners Aufgaben gehört die Bearbeitung der Industrieprojekte" (1)

Beispiel:
Soviel ich weiß, bearbeitet Herr Gärtner die Industrieprojekte . . .
– Das stimmt, zu seinen Aufgaben gehört die Bearbeitung der Industrieprojekte.

Jetzt sind Sie an der Reihe!
Soviel ich weiß, bearbeitet Herr Gärtner die Industrieprojekte . . .
– Das stimmt, zu seinen Aufgaben gehört die Bearbeitung der Industrieprojekte.

Soviel ich weiß, standardisiert Herr Gärtner die Angebotsunterlagen . . .
– Das stimmt, zu seinen Aufgaben gehört die Standardisierung der Angebotsunterlagen.

Soviel ich weiß, prüft Herr Gärtner die Kundenanfragen . . .
– Das stimmt, zu seinen Aufgaben gehört die Prüfung der Kundenanfragen.

Soviel ich weiß, ermittelt Herr Gärtner die Preise . . .
– Das stimmt, zu seinen Aufgaben gehört die Ermittlung der Preise.

Soviel ich weiß, beseitigt diese Firma die Abfallprodukte . . .
– Das stimmt, zu ihren Aufgaben gehört die Beseitigung der Abfallprodukte.

Soviel ich weiß, führt diese Firma die Montagearbeiten aus . . .
– Das stimmt, zu ihren Aufgaben gehört die Ausführung der Montagearbeiten.

Soviel ich weiß, verfolgt diese Firma die Umweltschutzprojekte . . .
– Das stimmt, zu ihren Aufgaben gehört die Verfolgung der Umweltschutzprojekte.

„Nein, der Bedarf an elektrischer Energie ist gering" (2)

Beispiel:
Wird viel elektrische Energie benötigt?
– Nein, der Bedarf an elektrischer Energie ist gering.

Jetzt sind Sie an der Reihe!
Wird viel elektrische Energie benötigt?
– Nein, der Bedarf an elektrischer Energie ist gering.

Wird viel qualifiziertes Personal benötigt?
– Nein, der Bedarf an qualifiziertem Personal ist gering.

Wird viel gereinigtes Wasser benötigt?
– Nein, der Bedarf an gereinigtem Wasser ist gering.

Achtung, jetzt kommt eine kleine Änderung!
Werden viele detaillierte Prospekte benötigt?
– Nein, der Bedarf an detaillierten Prospekten ist gering.

Werden viele neue Formulare benötigt?
– Nein, der Bedarf an neuen Formularen ist gering.

Werden viele technische Kaufleute benötigt?
– Nein, der Bedarf an technischen Kaufleuten ist gering.

Werden viele komplizierte Maschinen benötigt?
– Nein, der Bedarf an komplizierten Maschinen ist gering.

„Entschuldigen Sie, was verstehen Sie unter einer attraktiven Verpackung?"
(3)

Beispiel:
Wichtig ist natürlich auch eine attraktive Verpackung ...
– Entschuldigen Sie, was verstehen Sie unter einer attraktiven Verpackung?

Jetzt sind Sie an der Reihe!
Wichtig ist natürlich auch eine attraktive Verpackung ...
– Entschuldigen Sie, was verstehen Sie unter einer attraktiven Verpackung?

Wichtig ist natürlich auch eine aktive Akquisition ...
– Entschuldigen Sie, was verstehen Sie unter einer aktiven Akquisition?

Wichtig ist natürlich auch eine starke Marktposition ...
– Entschuldigen Sie, was verstehen Sie unter einer starken Marktposition?

Wichtig ist natürlich auch eine gezielte Werbung ...
– Entschuldigen Sie, was verstehen Sie unter einer gezielten Werbung?

Wichtig ist natürlich auch eine genaue Spezifikation ...
– Entschuldigen Sie, was verstehen Sie unter einer genauen Spezifikation?

Wichtig ist natürlich auch ein exakter Kriterienkatalog ...
– Entschuldigen Sie, was verstehen Sie unter einem exakten Kriterienkatalog?

Wichtig ist natürlich auch eine intensive Projektverfolgung ...
– Entschuldigen Sie, was verstehen Sie unter einer intensiven Projektverfolgung?

„Ja, wir bauen Anlagen, in denen Abgase entstaubt werden" (4)

Beispiel:
Gehört die Entstaubung von Abgasen zu Ihren Arbeitsgebieten?
– Ja, wir bauen Anlagen, in denen Abgase entstaubt werden.

Jetzt sind Sie an der Reihe!
Gehört die Entstaubung von Abgasen zu Ihren Arbeitsgebieten?
– Ja, wir bauen Anlagen, in denen Abgase entstaubt werden.

Gehört die Reinigung von Abwasser zu Ihren Arbeitsgebieten?
– Ja, wir bauen Anlagen, in denen Abwasser gereinigt wird.

Gehört die Beseitigung von umweltschädlichen Stoffen zu Ihren Arbeitsgebieten?
– Ja, wir bauen Anlagen, in denen umweltschädliche Stoffe beseitigt werden.

Gehört die Erzeugung von elektrischer Energie zu Ihren Arbeitsgebieten?
– Ja, wir bauen Anlagen, in denen elektrische Energie erzeugt wird.

Gehört die Herstellung von Papier zu Ihren Arbeitsgebieten?
– Ja, wir bauen Anlagen, in denen Papier hergestellt wird.

Gehört die Filterung von verunreinigter Luft zu Ihren Arbeitsgebieten?
– Ja, wir bauen Anlagen, in denen verunreinigte Luft gefiltert wird.

Gehört die Produktion von Baustoffen zu Ihren Arbeitsgebieten?
– Ja, wir bauen Anlagen, in denen Baustoffe produziert werden.

„Früher war Herr Naumann Werbeleiter, aber jetzt ist er als Personalberater tätig" (5)

Beispiel:
Ist Herr Naumann Werbeleiter oder Personalberater?
– Früher war Herr Naumann Werbeleiter, aber jetzt ist er als Personalberater tätig.

Jetzt sind Sie an der Reihe!

Ist Herr Naumann Werbeleiter oder Personalberater?
– Früher war Herr Naumann Werbeleiter, aber jetzt ist er als Personalberater tätig.

Ist Herr Schmidt Montageingenieur oder Projektingenieur?
– Früher war Herr Schmidt Montageingenieur, aber jetzt ist er als Projektingenieur tätig.

Ist Fräulein Müller Sekretärin oder Sachbearbeiterin?
– Früher war Fräulein Müller Sekretärin, aber jetzt ist sie als Sachbearbeiterin tätig.

Ist Herr Schulz Vertreter oder Akquisiteur?
– Früher war Herr Schulz Vertreter, aber jetzt ist er als Akquisiteur tätig.

Ist Herr Meyer Sachbearbeiter im Einkauf oder Einkaufsleiter?
– Früher war Herr Meyer Sachbearbeiter im Einkauf, aber jetzt ist er als Einkaufsleiter tätig.

Ist Herr Gärtner Techniker oder technischer Kaufmann?
– Früher war Herr Gärtner Techniker, aber jetzt ist er als technischer Kaufmann tätig.

Ist Herr Jung Sachbearbeiter in der Personalabteilung oder Personalleiter?
– Früher war Herr Jung Sachbearbeiter in der Personalabteilung, aber jetzt ist er als Personalleiter tätig.

„Eine schnelle Projektbearbeitung ist nur möglich, wenn die Angebotsabteilungen frühzeitig informiert werden" (6)

Beispiel:
Die Voraussetzung für eine schnelle Projektbearbeitung ist die frühzeitige Information der Angebotsabteilungen.
– Eine schnelle Projektbearbeitung ist nur möglich, wenn die Angebotsabteilungen frühzeitig informiert werden.

Jetzt sind Sie an der Reihe!
Die Voraussetzung für eine schnelle Projektbearbeitung ist die frühzeitige Information der Angebotsabteilungen.
– Eine schnelle Projektbearbeitung ist nur möglich, wenn die Angebotsabteilungen frühzeitig informiert werden.

Die Voraussetzung für eine schnelle Projektbearbeitung ist die frühzeitige Klärung der Einzelheiten.
– Eine schnelle Projektbearbeitung ist nur möglich, wenn die Einzelheiten frühzeitig geklärt werden.

Die Voraussetzung für eine schnelle Projektbearbeitung ist die frühzeitige Ausfüllung der Fragebogen.
– Eine schnelle Projektbearbeitung ist nur möglich, wenn die Fragebogen frühzeitig ausgefüllt werden.

Die Voraussetzung für eine schnelle Projektbearbeitung ist die frühzeitige Ausräumung von Mißverständnissen.
– Eine schnelle Projektbearbeitung ist nur möglich, wenn Mißverständnisse frühzeitig ausgeräumt werden.

Die Voraussetzung für eine schnelle Projektbearbeitung ist die frühzeitige Formulierung der Garantien.
– Eine schnelle Projektbearbeitung ist nur möglich, wenn die Garantien frühzeitig formuliert werden.

Die Voraussetzung für eine schnelle Projektbearbeitung ist die frühzeitige Prüfung der Anfragen.
– Eine schnelle Projektbearbeitung ist nur möglich, wenn die Anfragen frühzeitig geprüft werden.

Die Voraussetzung für eine schnelle Projektbearbeitung ist die frühzeitige Ermittlung der Preise.
– Eine schnelle Projektbearbeitung ist nur möglich, wenn die Preise frühzeitig ermittelt werden.

„Ich glaube, daß unser Preis niedriger ist als der unserer Konkurrenz" (7)

Beispiel:
Wichtig ist vor allem ein niedriger Preis.
– Ich glaube, daß unser Preis niedriger ist als der unserer Konkurrenz.

Jetzt sind Sie an der Reihe!
Wichtig ist vor allem ein niedriger Preis.
– Ich glaube, daß unser Preis niedriger ist als der unserer Konkurrenz.

Wichtig ist vor allem eine kurze Lieferzeit.
– Ich glaube, daß unsere Lieferzeit kürzer ist als die unserer Konkurrenz.

Wichtig ist vor allem eine gute Marktposition.

— Ich glaube, daß unsere Marktposition besser ist als die unserer Konkurrenz.

Wichtig ist vor allem eine attraktive Werbung.

— Ich glaube, daß unsere Werbung attraktiver ist als die unserer Konkurrenz.

Wichtig ist vor allem eine hohe Produktionsleistung.

— Ich glaube, daß unsere Produktionsleistung höher ist als die unserer Konkurrenz.

Wichtig sind vor allem geringe Betriebskosten.

— Ich glaube, daß unsere Betriebskosten geringer sind als die unserer Konkurrenz.

Wichtig sind vor allem interessante Prospekte.

— Ich glaube, daß unsere Prospekte interessanter sind als die unserer Konkurrenz.

4 C Fragen und Antworten (Tonband)

HÖREN Sie sich die Fragen an. SPRECHEN Sie in den Pausen, d.h. beantworten Sie die Fragen nach bestem Vermögen. Wiederholen Sie jeweils die anschließende Modellantwort des Sprechers. Auf dem Tonband folgen diese Fragen und Antworten den Vier-Phasen-Übungen 4 B.

4 D Fragen

LESEN Sie die Fragen. SCHREIBEN Sie Ihre Antworten auf. Die Modellantworten zum Vergleich finden Sie unter 4 E.

1. Wissen Sie noch Beispiele dafür, wie Interessenten über die Arbeitsgebiete dieser Firma informiert werden?

2. Wer hat die Aufgabe, neue Kunden ausfindig zu machen?

3. Auf welche Verfahren konzentriert diese Firma ihre Werbung?

4. Welche Fragen stellt sich die Firma bei der Prüfung einer Anfrage?

5. Wie können die technischen Einzelheiten mit dem Interessenten geklärt werden?

6. Will der Kunde immer sofort ein detailliertes Angebot?

7. Was versteht Herr Gärtner unter Verbrauchszahlen?

8. Im Zusammenhang mit der Preisstellung spricht Herr Gärtner von einer Lieferung ab Werk. Welche anderen Möglichkeiten gibt es?

9. Herr Gärtner weist auf zwei Arbeitsgebiete seiner Firma hin, die dem Umweltschutz dienen. Um welche Gebiete handelt es sich?

10. Welche Arbeiten führen Kunden in COMECON-Ländern prinzipiell in eigener Regie aus?

11. Wenn Euro-Engineering den Wunsch eines Interessenten nach einem Festpreisangebot akzeptiert, dann müssen mehrere Voraussetzungen erfüllt sein. Nennen Sie eine dieser Voraussetzungen!

12. Wodurch kann der Arbeitsaufwand für die Angebotsbearbeitung gesenkt werden?

13. Herr Gärtner erwähnt einige wichtige Leute auf der Kundenseite, die nur das Begleitschreiben zum Angebot lesen. Um welche Leute handelt es sich?

14. Was kann der Interessent aus der Referenzliste der Firma ersehen?

15. Im Begleitschreiben wird unter anderem auf bestimmte geringe Kosten hingewiesen. Um welche Kosten handelt es sich?

1. Durch Anzeigen, Prospekte und Ausstellungen auf Messen.

2. Die Akquisiteure, die Tochtergesellschaften und die Vertretungen.

3. Auf solche, die besser sind als die der Konkurrenz, oder zumindest gleichwertig.

4. Sie fragt sich, ob es eine ernsthafte Anfrage ist und wie ihre Chancen für das betreffende Projekt sind.

5. Durch die Ausfüllung eines Fragebogens oder durch einen Besuch.

6. Nein, manchmal genügt ihm ein Schätzangebot.

7. Zum Beispiel den Bedarf an elektrischer Energie und Wasser.

8. Zum Beispiel die Lieferung frei Grenze oder frei Baustelle.

9. Um die Entstaubung von Abgasen und die Reinigung von Wasser.

10. Die Bau- und Montagearbeiten.

11. Die Unterlieferanten von Euro-Engineering müssen auch bereit sein, zu einem Festpreis abzuschließen.

12. Durch Standardisierung der Angebotsunterlagen.

13. Um Direktoren, Chefingenieure und Einkaufsleiter.

14. Wieviele Anlagen einer bestimmten Art die Firma gebaut hat, wo sie die Anlagen gebaut hat und für wen sie sie gebaut hat.

15. Um Investitionskosten, Betriebskosten und Wartungskosten.

4 F Audio-Test (Tonband und Buch)

HÖREN Sie sich die Satzanfänge an, die Ihre Tonbandlehrer vorlesen, und
kreuzen Sie auf diesem Testbogen jeweils diejenigen Schlußfassungen der Sätze
an, die den Dialoginformationen entsprechen. Auf dem Tonband folgt dieser
Audio-Test den Modellantworten 4 E. Den Schlüssel zu diesem Test finden Sie
unter 4 G.

1   2   3

Projekt- und Angebots- abteilungen	○	es sich um schlüs- selfertige Anlagen handelt	○	die Referenzlisten genau geprüft werden	○
Prospekt- und Angebots- abteilungen	○	keine umwelt- schädlichen Stoffe entstehen	○	der Interessent einen Fragebogen ausfüllt	○
Angebots- und Werbeabteilungen	○	die Voraussetzun- gen eines Kriteri- enkatalogs erfüllt sind	○	ein Begleitbrief abgeschickt wird	○
Angebots- und Vertrags- abteilungen	○	vom Interessenten kein Festpreis ge- fordert wird	○	Sachbearbeiter die Spezifikation ge- nau studieren	○

4

das Risiko selbst tragen	O
die Abfallprodukte in eigener Regie beseitigen	O
Vorschläge zu ihrer Beseitigung machen	O
den Gesamtpreis entsprechend senken	O

5

Bau- und Montageteil	O
Liefer- und Garantieanteil	O
Leistungs- und Lohnanteil	O
Material- und Lohnanteil	O

6

die Angebotsunterlagen weitgehend standardisieren	O
Lieferungen und Leistungen abgrenzen	O
Kriterien für die Anfragenbearbeitung einführen	O
nur noch seriöse Anfragen bearbeiten	O

7

der Vertragsabschluß	O
das Studium der Finanzierungsmöglichkeiten	O
die Verfolgung des Projekts im In- oder Ausland	O
die Angebotsrevision	O

8

den Preis gegenüber der Konkurrenz senken	O
Konkurrenzargumenten entgegentreten	O
mit der Konkurrenz verhandeln	O
versuchen, gegenüber der Konkurrenz Besseres anzubieten	O

9

Pflege und Reparatur	O
Bau- und Montagearbeiten	O
Prospekte und Inserate	O
Fertigung und Material	O

1. Im Zusammenhang mit der Suche nach einigen Kaufleuten informiert sich Herr Naumann über die Aufgaben der . . . (Projekt- und Angebotsabteilungen).

2. Euro-Engineering bearbeitet Projekte nur dann, wenn . . . (die Voraussetzungen eines Kriterienkatalogs erfüllt sind).

3. Die technischen Einzelheiten müssen vor Beginn der Angebotsausarbeitung geklärt werden, zum Beispiel durch einen Besuch bei dem Interessenten oder dadurch, daß . . . (der Interessent einen Fragebogen ausfüllt).

4. Wenn die Firma Euro-Engineering eine Anlage gebaut hat, in der umweltschädliche Abgase oder Abwässer entstehen, so muß sie . . . (Vorschläge zu ihrer Beseitigung machen).

5. Die Preisgleitklausel enthält Indices für den . . . (Material- und Lohnanteil).

6. Um die Kosten für die Angebotsbearbeitung zu senken, will Euro-Engineering . . . (die Angebotsunterlagen weitgehend standardisieren).

7. Der nächste Schritt nach der Angebotsabgabe ist . . . (die Verfolgung des Projekts im In- oder Ausland).

8. Nach Aussage von Herrn Gärtner kann man bei einem Gespräch nach der Angebotsabgabe . . . (Konkurrenzargumenten entgegentreten).

9. Die Wartungskosten sind die Aufwendungen für . . . (Pflege und Reparatur).

4 G Schlüssel zum Audio-Test

4 H Zusammenfassung

HÖREN Sie sich die folgende Zusammenfassung der Dialoge 1 A, 2 A, 3 A an, und machen Sie sich dabei kurze Notizen wie bei einer Besprechung oder einem Kurzreferat. Versuchen Sie dann anhand der Notizen, den Inhalt der Zusammenfassung zu rekonstruieren.

SCHREIBEN Sie anschließend den Text nach Diktat vom Tonband und korrigieren Sie schließlich etwaige Fehler durch Vergleichen mit 4 I.

4 I Zusammenfassung (Text)

Euro-Engineering will mehrere Kaufleute für die Ausarbeitung von Angeboten einstellen. Ihre Tätigkeit beginnt mit der Prüfung der eingehenden Anfragen aufgrund eines bestimmten Kriterienkatalogs, der die Bearbeitung unseriöser Anfragen ausschließt. Ungenau formulierte Anfragen müssen technisch und kaufmännisch geklärt werden, unter Umständen sogar durch Besuche bei den Interessenten. Anfragen und Angebote betreffen in den meisten Fällen Großprojekte für schlüsselfertige Anlagen, oft mit garantiertem Festpreis und garantierter Lieferzeit. Die sehr umfangreichen Angebote sind unterteilt in einen kommerziellen Teil mit Preis, Preisstellung, Preisgleitklausel, Lieferzeit, Zahlungsbedingungen etc. und einen Teil, der Auskunft gibt über die Technologie des Verfahrens. Die gesuchten kaufmännischen Angestellten sollten möglichst schon Erfahrung im Anlagengeschäft mit EG- und COMECON-Ländern haben. Voraussetzung für ihre Einstellung ist die Kenntnis mindestens einer europäischen Fremdsprache. Zu ihren Aufgaben gehören auch Verhandlungen mit Unterlieferanten, die Standardisierung von Angebotsunterlagen und die aktive Verfolgung der Projekte durch Korrespondenz, Telefonate und Besuche. Die Firma legt großen Wert darauf, daß die Kandidaten attraktive Briefe schreiben können. Besondere Bedeutung haben die Begleitbriefe zu den Angeboten, in denen alle wesentlichen Punkte und Vorteile der Angebote werbewirksam hervorzuheben sind, zum Beispiel Anlagenleistung, Einsatz- und Endprodukt, Produktqualität, Finanzierungsmöglichkeiten, Investitions- und Betriebskosten sowie die Lebensdauer der Maschinen und Apparate. Aus diesen Kriterien ergibt sich, daß nur hochqualifizierte Kandidaten für diese Position in Frage kommen.

4 J Arbeitstexte

LESEN Sie diese Texte. Schlagen Sie unbekannte Wörter möglichst in einem einsprachigen Lexikon nach.

Die Firma Euro-Engineering sieht in der Information ihrer Angestellten eine wichtige Aufgabe. Die folgenden Auszüge stammen aus einem Schulungsvortrag für neue Mitarbeiter.

Sie alle wissen, daß der Vertrag die Grundlage jedes Geschäftes ist, ob es sich dabei um die einfachste Form des Vertrages, bestehend aus Angebot, Auftragsschreiben und Auftragsbestätigung handelt, oder um die in unserem Geschäft üblichen umfangreichen Verträge. Besondere Beachtung verdient deshalb schon das Angebot, dessen Aussagen immer so sein müssen, daß sie, wenn vom Kunden akzeptiert, von uns als Vertragstext übernommen werden können. In jedem Fall soll der Vertrag sämtliche Abmachungen der Vertragspartner enthalten und den Geschäftsfall als solchen klar abgrenzen.

Der Vertrag beginnt oft mit einer Präambel. Diese ist zwar nicht unbedingt erforderlich, jedoch zum Beispiel im Verkehr mit englischen Kunden üblich und darüber hinaus zweckmäßig, da sie aussagt, was die Absicht der Vertragspartner ist.

Wir kommen dann zu dem eigentlichen Vertragsgegenstand. In diesem Teil des Vertrags werden die Lieferungen und Leistungen unter Hinweis auf die detaillierten technischen Beilagen genau definiert.

Es folgen:

1. Preisangabe mit Preisstellung, Preisvorbehalt und, wenn notwendig, Kurssicherung.
2. Zahlungsbedingungen
3. Lieferzeit und Regelung im Falle der Lieferverzögerung
4. Gewährleistung
   a) für Ingenieurdienstleistungen
   b) für die Qualität der Lieferungen
   c) Verfahrensgarantien
   d) Rechtsmängel (Patenthaftung)
   e) Haftung für Gewährleistungen
5. Begrenzung der Haftung und Ausschluß von Folgeschäden
6. Inbetriebnahme und Abnahme
7. Montagebedingungen, Montage- und Haftpflichtversicherung
8. Geheimhaltung
9. Verschiedene Bestimmungen mehr juristischer Art wie Höhere Gewalt, Abtretung, salvatorische Klausel, etc.

Ferner gehören in den Vertrag Bestimmungen über Änderungen, die unter Umständen von großer Bedeutung sein können. In diesem Zusammenhang muß nochmals betont werden, wie wichtig es ist, daß unsere Leistung klar abgegrenzt wird. Bedenken Sie, daß wir nur für eine bestimmte Leistung bezahlt werden und daß etwaige Mehrleistungen nur gegen zusätzliche Zahlung erbracht werden können. Selbstverständlich muß der Kunde die Mehrarbeit verlangen und sich mit den Mehrkosten einverstanden erklären.

Im Prinzip handelt es sich für uns immer darum, Leistung und Gegenleistung einander lückenlos gegenüberzustellen. Wir als Verkäufer haben zu achten auf die Absicherung der uns zustehenden Zahlungen, die Begrenzung unserer Haftung, die Wahrung unserer Interessen mit Bezug auf die Verwendung bzw. Geheimhaltung technischer Unterlagen und das Vorhandensein ausreichender Versicherungen.

Besondere Beachtung verdienen gewisse zusätzliche Vertragsbedingungen für Geschäfte mit COMECON-Ländern. Hier haben wir es mit besonderen Bestimmungen betr. Verpackung, Versand etc. zu tun, ebenso mit verschärften Garantiebestimmungen und Haftungsregelungen, die oft an die Grenze unserer Möglichkeiten gehen.

In diesen Bereich gehören auch Kompensationsgeschäfte. Bei solchen Geschäften wird in einem separaten Vertrag geregelt, daß wir für den Gegenwert eines bestimmten Prozentsatzes unseres Vertragspreises (bis zu 100 %) spezifizierte Waren aus dem Land unseres Vertragspartners über einen spezifizierten Zeitraum kaufen müssen. Im Falle der Nichterfüllung sind hier Pönalen für den nicht erfüllten Teil vorgesehen. Zur Abwicklung dieser Kompensationsgeschäfte bedienen wir uns in der Regel der auf diesem Gebiet spezialisierten Handelsfirmen. Vielfach wird jetzt auch gefordert, daß Produkte aus der zu erstellenden Anlage abgenommen werden.

Im Zusammenhang mit Vertragspunkten wie Preisangabe, Preisstellung, Preisvorbehalt und Kurssicherung ist zu sagen, daß wir im Export die Verträge, mit Ausnahme von einigen Sonderfällen, grundsätzlich in DM abschließen und fob oder c & f bzw. cif vorsehen. Bei Lieferungen an den Montageort würden sich in vielen Ländern Steuerprobleme ergeben, die oft zum Zeitpunkt des Vertragsabschlusses nicht voll überschaubar sind und deshalb vermieden werden müssen.

Bei zu erwartenden größeren Zeitspannen zwischen Abschluß eines Vertrages und Inkrafttreten eines Vertrages müssen entsprechende Vorbehalte bezüglich der Gültigkeit der Preise vorgesehen werden. In diesem Zusammenhang ist grundsätzlich zu sagen, daß ein Vertrag erst dann in Kraft tritt, wenn alle dafür im Vertrag vorgesehenen Bedingungen erfüllt sind, wobei wir auf unserer Seite vor allem auf Sicherstellung der Zahlung, Vorliegen der für unsere Arbeiten notwendigen technischen Angaben und Genehmigung des Vertrages durch Behörden, soweit erforderlich, bestehen müssen.

Die Zahlungsbedingungen sind fallweise sehr verschieden, wobei wir jedoch grundsätzlich unterscheiden zwischen Bargeschäften und Finanzierungsgeschäften. Unter Bargeschäften verstehen wir in der Regel solche Geschäfte, bei denen die Zahlungsbedingungen nicht schlechter sind als 10 % Anzahlung, 80 % gegen Verschiffung und 10 % bei Garantieerfüllung. Diese Bedingungen erfordern von unserer Seite eine sogenannte Vorfinanzierung, da wir das Geld früher ausgeben müssen, als wir es bekommen.

Unter Finanzierungsgeschäften verstehen wir Geschäfte mit langfristigen Zahlungsbedingungen, bei denen bis zu 85 % des Vertragspreises über 5 oder mehr Jahre nach Lieferung oder Fertigstellung der Anlage zurückgezahlt werden. In diesen Fällen sind entsprechende Zahlungsgarantien über die gesamte Laufzeit der Rückzahlung vorzusehen, und zwar für die jeweils ausstehenden Zahlungen einschließlich Zinsen. Außerdem werden solche Geschäfte in der Regel gegen das politische, wirtschaftliche und Transferrisiko bei Hermes, bzw. im Falle von Geschäften über unsere Tochtergesellschaften bei den jeweiligen Versicherungsinstituten der Lieferländer abgesichert.

Zu beachten ist, daß wir bei Hermes-Deckung im Schadensfall grundsätzlich einen Selbstbehalt tragen müssen, der in der Regel bei etwa 20 % liegt.

Zu den Punkten Lieferzeit, Lieferzeitverzögerung und Gewährleistungen ist zu sagen, daß der Verkäufer für die Erfüllung von Zusagen im Vertrag grundsätzlich nach Gesetz, d. h. weitgehend uneingeschränkt haftet, solange keine Pönaleregelung mit klaren Haftungsbegrenzungen für den Fall der Nichterfüllung vertraglich festgelegt ist. Der genauen Festlegung der Konsequenzen der Nichterfüllung, z. B. Nichteinhaltung der Lieferzeit oder Nichterreichen verfahrenstechnischer Garantien, kommt deshalb in jedem Vertrag eine besondere Bedeutung zu, und es ist tatsächlich so, daß Pönalen vor allem zu unserem eigenen Schutz im Vertrag klar fixiert sein müssen, wobei selbstverständlich die Haftung zu limitieren ist.

Eine Haftung für indirekte und Vermögensschäden muß grundsätzlich ausgeschlossen sein. Ebenso wichtig ist eine zeitliche Begrenzung unserer Haftung.

Die Werbung für unsere elektronischen
Investitionsgüter soll informativ sein.
Und nicht zu trocken.

Wissen Sie, was wir meinen? Dafür sollten Sie als Werbemann
möglichst technische Vorbildung mitbringen und schon Erfahrungen
in einer technisch orientierten Branche gesammelt haben. Gute
Ideen zielstrebig in die Tat umzusetzen gehört ebenso dazu wie eine
flotte Schreibe und die Fähigkeit, komplexe technische Vorgänge
verständlich darzustellen — in Wort und Bild.
Aber das ist nur ein Teil Ihrer Aufgaben als

W E R B E L E I T E R

Hinzu kommt: Messen und Symposien organisieren und gestalten,
Anzeigen und Presseinformationen entwerfen und plazieren, dazu
Verkaufsförderungsmaßnahmen in enger Zusammenarbeit mit Ver-
kauf und Technik. Auch bei der Erarbeitung der Marketingpläne
werden Ihr fachlicher Rat und Ihre Mitarbeit zählen. Ein Werbe-
assistent wird Sie bei der Durchführung Ihrer Aufgaben entlasten.

Wegen unserer internationalen Verbindungen sind gute Englisch-
kenntnisse erforderlich.

Der Standort interessiert Sie bestimmt: eine kleinere, hübsch und
verkehrsgünstig gelegene Stadt im Großraum Frankfurt.

Klar, daß wir Ihnen auch finanziell ein gutes Angebot machen.
Schicken Sie uns doch bitte über unseren Personalberater Ihre Be-
werbung, damit wir recht bald ins Gespräch kommen.

DR. PETER SCHULZ · PERSONALBERATUNG